AF247310

DISCOURS

PRONONCÉ LE 20 PRAIRIAL AN 7,

À LA FÊTE FUNÉRAIRE,

CÉLÉBRÉE A CHALONS,

EN EXÉCUTION

DE LA LOI DU 22 FLORÉAL,

Par le C.^{en} L. J. A. GOBERT,
administrateur du dép.^t de la Marne.

FRANÇAIS, je vous adjure de réserver votre haine, de la réserver toute entière pour l'Autriche.

A CHALONS,

DE L'IMPRIMERIE DE MERCIER, RUE DE BREBIS.

AN VII.

DISCOURS

PRONONCÉ LE 20 PRAIRIAL AN 7,

A LA FÊTE FUNÉRAIRE,

Célébrée à Châlons en exécution de la loi du 22 floréal.

L E sauvage habitant de l'Amérique septentrionale traverse cinq cents lieues de déserts; il n'a pour ornement que sa nudité, pour sauve-garde que son nom d'ambassadeur, pour défense que son calumet. Le farouche algonquin, le féroce iroquois, le huron qui se désaltère avec le sang de son ennemi et dévore ses membres encore palpitans; tous ces peuples qui n'ont pas écrit sur le droit des nations le respectent, le protégent. Et c'est à la fin du dix-huitième siècle, c'est au milieu des nations les plus civilisées de l'europe, que des ministres plénipotentiaires sont massacrés sur les marches du temple de la paix ! Quelle est donc cette nouvelle horde que le démon de la destruction a vomi dans nos contrées pour rivaliser de fureur et de crimes avec l'Angleterre et de férocité avec les tigres ? Français, cette horde, c'est l'Autriche. Ce n'était pas assez pour elle d'avoir placé à côté du trône un monstre qui, semblable à la boîte fabuleuse de Pandore, a déversé tous les fléaux sur la France ; elle devait combler la mesure de ses forfaits par le plus lâche des assassinats.

Chargé de retracer à vos yeux le tableau de cette scène de sang et d'horreur, l'indignation qui remplit et agite mon ame me tiendra lieu d'éloquence ; elle passera dans vos cœurs, et vos voix viendront s'unir à la mienne et la renforcer pour faire retentir ces voûtes du cri de la vengeance.

La République française avait brisé les efforts de la coalition qui voulait l'étouffer dès son berceau ; elle avait étonné l'univers par l'éclat et la rapidité de ses triomphes ; elle avait repoussé loin de son territoire les armées étrangères qui avaient osé l'envahir ; elle avait protégé des peuples opprimés ; elle avait assis ses limites naturelles, d'un côté sur le Rhin, de l'autre sur la crète des Pyrennés ; les Alpes et ses alliances étaient autant de boulevards qui la garantissaient au midi ; elle avait assez fait pour sa vengeance, sa gloire et sa sûreté : mais, au milieu de ses succès, elle soupirait après la paix. Le gouvernement, répondant au vœu général et le secondant de tous ses efforts, avait annoncé publiquement qu'il accepterait toutes les conditions qui se concilieraient avec l'honneur du nom Français et l'intérêt de ses alliés.

Bientôt on vit l'Angleterre, motrice principale de toutes les divisions, d'une main présenter l'olivier, tandis que de l'autre elle répandait l'or de la corruption, et payait tous les crimes. Il entrait dans son systême de demander ouvertement la paix et d'attiser sourdement le feu de la guerre ; elle devait

la première abuser de la loyauté française.
Il lui fallait un homme profondément astu-
cieux , nourri dans les principes de sa poli-
tique machiavélique.

Malmesbury se charge du rôle infâme que
Pitt lui a dicté ; mais bientôt le masque imposteur qui cache sa perfidie lui est arraché. Quelle
sera la conduite du Gouvernement français?
comment se vengera-t-il de ce ministre du
crime ? Rassurez - vous, amis du droit des
nations , rassurez-vous ; votre gouvernement
se montrera aussi grand que son ennemi s'est
montré lâche et trompeur. Il sait que Malmesbury a souillé son caractère ; mais il n'oubliera
pas qu'il en est revêtu. Le respect dû à ce
caractère sacré fera taire l'indignation :
Malmesbury reverra son île ; mais il y rentrera
chargé de honte et couvert de mépris.

Cependant, le héros d'Italie commandant
à la victoire , avait chassé loin devant lui
l'aigle impérial ; sa marche aussi rapide que
celle d'un torrent grossi par les eaux d'une
pluie orageuse , aussi majestueuse que celle

des grands fleuves qui arrosent la vaste étendue du nouveau monde , avait porté l'effroi jusqu'au fond de l'Allemagne. Encore un pas , et la France dictait ses conditions dans Vienne ; encore un pas , et l'empire d'Allemagne avait existé. Il restait à l'Autriche un seul moyen de retarder sa destruction ; elle le saisit , elle fait entendre des paroles de paix ; la foudre de guerre cesse de gronder; le vainqueur d'Arcole et de Lodi dépose le glaive...... Buonaparte , ton ame grande et loyale ne soupçonnait pas que tu signais à Campoformio la mort des Ministres français. Elle était cependant dans les conceptions du cabinet autrichien ; et déjà Charles , qui avait versé des larmes feintes sur la tombe de Marceau , était désigné pour être l'exécuteur des atroces volontés de sa cour.

Vous remettrais-je sous les yeux la marche tortueuse des Ministres de l'Autriche , pour éterniser les conférences du congrès? Vous dirais-je que tandis que la députation française répondait aux notes astucieuses de l'Empire avec une franchise noble , avec l'énergie républicaine ; que tandis qu'elle observait religieusement tous les articles d'un traité que la France avait signé de bonne foi , l'Autriche affectait outrageusement d'en mépriser tous les articles. Ce n'était plus pour elle qu'un voile , derrière lequel elle faisait aiguiser les poignards qui , bientôt , allaient armer les mains de ses cohortes assassines ; elle appelait du fond du nord des auxiliaires , ou plutôt des complices dignes d'elles ; et la marche des Russes qui n'était plus un mystère pour l'Europe entière , n'était pas encore avouée par cet infâme gouvernement.

Tant de perfidie , des outrages aussi accumulés, avaient enfin lassé la patience du Gouvernement français. Il était temps de sortir de cet état d'anxiété. Le Directoire avait instruit le Corps législatif de la déloyauté autrichienne. La guerre était résolue, la guerre était déclarée ; cependant quelqu'espoir de paix luisait encore, et la France , jalouse de signaler sa modération , aurait pu oublier l'injure si elle eut trouvé dans le cabinet autrichien quelque désir d'une réconciliation franche et sincère.

Mais, le sort en était jeté , le sang humain devait encore abreuver la terre ; que dis-je ! la paix devait être assassinée dans la personne de vos Représentans.

O nuit du 9 floréal ! nuit désastreuse ! nuit horriblement fameuse ! tu étais marquée pour couvrir de ton ombre le plus exécrable des forfaits, le meurtre le plus impie. La nature, plongée dans le deuil, semblait avoir rembruni ses plus épaisses ténèbres. Un seul flambeau , en jetant sur la scène une lueur pâle et incertaine , en redoublait la sinistre horreur. Nos Ministres marchaient sans escorte ; ils se croyaient sous la sauve-garde des nations. Les voitures étaient à peine à trente pas du congrès ; tout-à-coup les bourreaux s'élancent et les entourent. Bonnier qui s'est nommé , est violemment arraché de la sienne ; il est égorgé. Debry, descendu lui-même, est étendu dans le fossé, couvert de blessures et nageant dans son sang. Reberjot qui, dès les premiers cris, s'était sauvé avec son épouse, revient; il dit: *Je suis Roberjot, ministre français.* Il est frappé sous les yeux et presque dans les bras de sa malheureuse compagne. Il tombe, et se retournant sur le côté, il prononce ces mots: *Ma femme, prends courage.* A l'instant, de nouveaux coups lui arrachent la vie, et le fer des assassins ne respecte pas même son corps inanimé. Ainsi se consomme un sacrilège dont les annales du monde n'avaient encore fourni aucun exemple.

Chantez, bardes républicains, que vos accens plaintifs et déchirans expriment nos regrets et nos douleurs.

Ici la musique a exécuté l'air Près de ces tombeaux solitaires.

Il entrait, sans doute, dans les desseins de l'infâme Autriche, en frappant tout-à-la-fois nos trois Plénipotentiaires, en livrant au pillage leur correspondance , d'enlever toutes les preuves de son atrocité ; elle se flattait qu'elle n'aurait à combattre que des soupçons. Qui auraient pu révéler les mystères secrets. qui avaient précédé et accompagné la plus épouvantable des catastrophes ? Qui aurait pu , si la providence n'eût arraché Debry des bras de la mort , qui aurait pu dire à l'univers : J'en ai vu les préparatifs , j'en ai suivi les détails , j'en connais les chefs , j'en connais les exécuteurs ? Français ! adorons la Providence , c'est elle qui a veillé sur les grandes destinées de la République : c'est encore elle qui n'a pas permis que l'Autriche consommât entièrement ses forfaits. Ici j'emprunterai les paroles de Debry lui-même :

« Nous n'étions pas avancés de trente pas sur le chemin , toujours nous suivant immédiatement ; un homme de Rastadt , portant un flambeau allumé , nous précédait et semblait ouvrir une marche funéraire. Je vois encore , oh ! je verrai toute ma vie ces bandits à figures atroces , sortir , tête baissée d'entre les arbres, en heurlant, sabre à la main, et faire arrêter ma voiture. C'est, sans doute, dis-je à ma femme, avec cette conviction qui ne m'avait pas encore abandonnée ; c'est, sans doute, la demande de nos passe-ports ; et en même temps je tendis le passe-port allemand, qu'ainsi que mes collègues, j'avais pris du baron d'Albini ; je le tendis par la portière droite, et cette circonstance indiférente en elle-même, me sauva la vie, car si je fusse descendu de l'autre côté, le canal de Murg qui le bordait, m'eut ôté tout moyen d'échapper : mon passe-port est mis en pièces, la voiture s'ouvre avec violence, je me présente, deux scélérats m'en arrachent : avant que je fusse à terre ma montre m'était enlevée ; une foule d'autres bandits se presse autour de moi, me fouille et me pousse vers la tête des chevaux de la seconde voiture. En ce moment un szekler à cheval et le sabre à la main, arrive en criant de loin et en mauvais français, *le ministre Jean Debry.* Je présumais encore que cette question avait pour but de réparer , par égard pour le caractère dont j'étais revêtu , ce qui venait de se passer ; mon cocher qui le pensait comme moi, répondit, en me montrant, que jétais Jean Debry. La question me fut faite une seconde fois ; son cheval me touchait : oui lui disje d'une voix forte , *c'est moi qui suis Jean Debry, ministre français.* J'avais à peine achevé , que se levant sur ses étriers, il me porta un violent coup de sabre sur la tête : il redoublait ; je me laisse tomber et rouler dans le fossé qui bordait le chemin. C'est sans doute dans ce moment que ceux qui me tenaient de côté et qui m'assaillaient par derrière , me frappèrent à coups redoublés. Je ne me rappelle que de l'idée soudaine que je saisis rapidement de me laisser tomber, et de feindre d'être mort : celui-là dut croire que je l'étais effectivement , qui me porta par derrière , et sur le col, le furieux coup de sabre qui pénétra huit doubles de drap, et quoiqu'amorti sur une forte cravatte de mousseline , faillit me briser les vertèbres. Probablement ce fut en parant les coups qu'on me portait à la tête que je reçus ceux qui m'ouvrirent le bras gauche. Etendu dans le fossé, j'entendais les cris de ma femme, de mes filles qui demandaient leur père ; un moment après l'un des szeklers qui croyait apparement que j'avais encore quelque chose à piller, s'approche de moi ; je le sens m'arracher ma cravatte avec violence, me soulever le bras droit, sans doute pour voir si j'étais mort ; je le laisse retomber, il me quitte en me portant vers le haut de la cuisse gauche un coup de pointe de sabre qui s'amortit sur un bourelet de chemise, ne me laissant qu'une contusion douloureuse. »

Qui pourra peindre les angoises souffertes par Debry, pendant cette nuit noire, pluvieuse, froide et si douloureusement prolongée : couvert de sang, épuisé de fatigue, sans chapeau, sans cravate, sans mouchoir, abandonné à toute l'horreur de ses pénibles et cruelles réflexions, la mort environnait ses pas ; les cris plaintifs et douloureux de son épouse, de celle de Roberjot, de ses filles, n'interrompaient le silence de la nature que pour déchirer son cœur. Quelle plume oserait entreprendre de tracer l'esquisse du désespoir délirant de la trop malheureuse et trop sensible veuve de Roberjot. Cependant, au milieu de ce spectacle désolant, qu'il est consolant, qu'il est doux de trouver quelques ames sensibles ! *Gœrtz , Jacobi , Riden , Bocardy , Jordan ,* vous tous, membres du Corps diplomatique , qui avez prodigué aux restes de la Légation française vos soins empressés , vos attentions généreuses, vos douces consolations ; l'histoire , toujours juste, vous paiera le prix de votre dévouement : vous fûtes , en ce moment, vous fûtes encore de véritables Ministres de paix.

Citoyens, Vous l'avez vue cette victime échappée aux poignards de l'Autriche ; vous l'avez vue presqu'encore aux portes de la mort ; vous l'avez reçue dans vos murs , vous l'avez entourée avec cette tendre et inquiette sollicitude qui caractérise les ames douces ét honêtes. Vos magistrats lui ont porté le témoignage de vos douleurs, ils lui ont parlé de l'indignation profonde dont vous avez été affectés au moment où la renommée a publié cette désastreuse nouvelle; ils lui ont promis vengeance en votre nom. Sa bouche, habituée à ne prononcer que des paroles de paix, pouvait à peine articuler le mot de *vengeance*. Ce n'est pas, nous disait-il, sur moi que doit se porter votre intérêt ; pleurez avec moi, pleurez mes infortunés, mes vertueux collègues. Puissiez-vous n'avoir d'autre injure à venger que celle qui m'est personnelle ; que ne puis-je pardonner : mais mes malheureux collègues, mais la France entière outragée, assassinée en leur personne ; voilà l'idée qui sans cesse frappe mon imagination et brise mon cœur. Nous avons mêlé nos larmes aux siennes.

Bardes, que vos chants nobles et mélodieux percent la voûte céleste ; portez aux pieds de l'Eternel les témoignages de notre reconnaissance : il a sauvé un des Ministres de paix du poignard des assassins.

Ici la musique a exécuté le chant civique : Quels accens quels transports.

Ne nous bornons pas à verser sur la tombe de nos infortunés Plénipotentiaires des larmes steriles ; leurs mânes sanglants et courroucés demandent vengeance. Ils l'obtiendront, elle sera terrible ; et si le forfait de l'Autriche a glacé d'horreur l'univers, l'univers apprendra bientôt que l'Autriche en a reçu le prix. J'en jure par vos cendres, Bonnier, Roberjot ; j'en jure, Debry, par tes honorables cicatrices ; j'en jure par vos vertus républicaines, par les services que vous avez rendus à la patrie ; j'en jure par la noble ardeur qui brûle vos ames, jeunes conscrits ; j'en jure par la sainte fureur qui agite nos phalanges républicaines ; j'en jure par tous les peuples qui respectent le droit des gens , et dans lesquels tout sentiment d'humanité n'est pas éteint.

Autriche, tu cherche en vain à couvrir d'un voile imposteur ton atrocité. Non, non, peuple aussi lâche que perfide ; non, tu ne nous tromperas pas. Je te somme de comparaître au tribunal des nations ; là, je te demanderai pourquoi ces réponses évasives, lorsque le Congrès insistait pour que l'on garantît sa sûreté ? pourquoi, lorsque la Légation française demandait une escorte, pourquoi cette réponse atrocement ironique : « La Légation française n'a rien à » redouter de la troupe, *elle doit même lui* » *rendre les honneurs militaires ?* »

Autriche, je te demanderai pouquoi cette consigne qui s'oppose, pendant quelques instans, au départ de la Légation, est inopinément levée pour les Ministres français seuls ? pourquoi la marche des Ministres liguriens est arrêtée ? pourquoi la sortie de Rastadt est interdite à tout ce qui n'appartient pas à la Légation française ?

Autriche, je te demanderai pourquoi, contre qui sont dirigées toutes ces dispositions militaires ! pourquoi l'intervalle qui sépare Rastadt du lieu que tu as désigné pour être le théâtre de la sanglante catastrophe , est occupé par tes satellites ? pourquoi toute communication se trouve interrompue jusqu'à ce que tes bourreaux aient achevé leur épouvantable boucherie ?

Autriche , je te demanderai pourquoi le fer atteint la tête de chaque Ministre aussitôt que lui-même a prononcé son nom ? pourquoi cette assurance donnée au reste déplorable de la Légation , *qu'il ne lui sera pas fait de mal ?* pourquoi ce vol des papiers de la Légation ? pourquoi cette violation inouïe du secret des gouvernemens ?

Autriche , je te demanderai encore pourquoi le cadavre de Roberjot a été insulté par la plus monstrueuse mutilation ? je te demanderai pourquoi le domestique du Ministre impérial , de Méternik , marchait à la tête des assassins et dirigeait leurs coups ?

Autriche, je te demanderai enfin pourquoi , et ce sera ma dernière question, pourquoi ces

deux respectables paysans , qui ont protégé
la rentrée de Debry , sont tout-à-coup arra-
chés de leurs foyers et traînés au quartier
général ? Ames sensibles et généreuses , rece-
vez le témoignage sincère et libre de la reconnaissance française. Que ne puis - je
proclamer vos noms dans cette enceinte , et
vous offrir des palmes civiques.

Vengeance , Citoyens ! vengeance ! que ce
cri , mille et mille fois répété par les échos de
la France , se prolonge jusques sur les bords
du Danube ; qu'il fasse trembler le tyran de
l'Autriche jusques dans son repaire ! Français,
je vous adjure de vous réunir , de vous
presser , de vous serrer autour de la statue
de la Liberté ; formez un faisceau que nulle
force humaine ne puisse rompre. Je vous
adjure de réserver votre haine , de la réserver toute entière pour l'Autriche. Imitez les
Romains dans les beaux jours de la république. Avaient-ils essuyé une injure ? étaient-
ils menacés d'une grande calamité ? tous les
sentimens se fondaient en un seul, l'amour

de la Patrie ; toutes haines, toutes divisions, tous dissentimens disparaissaient et se taisaient devant l'intérêt public : soldats, magistrats, patriciens, plébéïens, pauvres, riches, tous ne formaient plus qu'une seule famille.

Vengeance, Français, vengeance ! que ce cri, répété simultanément par trente millions de bouches, retentisse dans tous nos camps. Soldats de la Patrie, écoutez cette harangue courte, énergique et sublime d'un capitaine canadien :

« Camarades, les os de nos frères sont en-
» core découverts ; ils crient contre nous, il
» faut les satisfaire. Jeunesse, aux armes.
» Remplissez vos carquois ; peignez-vous des
» couleurs funèbres qui portent la terreur ;
» que les bois rétentissent de nos chants de
» guerre ; désennuyons nos morts par les cris
» de la vengeance ; portons l'épouvante et le
» trépas dans les rangs de nos ennemis ; com-
» battons tant que l'eau coulera dans les ri-
» vières, que l'herbe croîtra dans nos

» champs, que le soleil et la lune resteront
» fixés au firmament. »

Bardes, entonnez vos chants de guerre ; que
vos accens mâles et fiers annoncent à l'univers
que la France ne posera les armes qu'après
avoir assuré sa vengeance.

Ici l'hymne de guerre : la Victoire en chantant nous ouvre la barrière, a été exécuté par les Artistes lyriques.